This Cute Sudoku Book Belongs To

____

____

PUZZLE #1

EASY

		8				9		
9	4				3		6	
		6	9	4		7	1	8
			9					
5	9		7		1		3	4
	6	4					5	9
			3			6		
8		9		1	7	4	2	
		7	5	8				

PUZZLE #2

EASY

	1			3	4			
		4			7		1	9
8		9		2	6		7	
9			4		2			5
						8	4	
2	4	8	5				9	7
4		3	6		5		8	
		2		9				
	8	7		4		9	3	

PUZZLE #3

EASY

				5				1
		1	2	6				
5	8	7	3				6	2
2					3	5		6
7						9		8
	9	4		8		2	1	
4	3	6			1	7		9
		2	4		7		8	
8		9			6			4

PUZZLE #4

EASY

PUZZLE #5

EASY

PUZZLE #6

EASY

5		3			6	8		
	2	4			9		3		6
	8							5
	6	2		1	5	4	3	
1				3	9	6	2	
		4		8	2		5	
	5	9	8	4	1		6	3
		8					1	
					7			4

PUZZLE #7

EASY

8		2	1		3	5	7	
				5	6	8	4	
5					4	2		3
	7				1	3		
			8		5			2
	2		3				5	
2	5	9			8	1		
7	1	4			2			
6		3		1	7			4

PUZZLE #8

EASY

	5							2
		9					8	6
		6		1	2			
		2	1	9	6	4		
	1		8	4	5	7		9
		4			3	8		1
	2			8	9			3
	6			7		5		
9	7			6	4		1	

PUZZLE #9

EASY

3	9				4		8	1
			8		7	9	4	
	5			9	1			7
1	6	9	7	5			3	2
	4		3				7	
						6		8
			9		2	7	1	
	3		6			8	2	4
7					3			

PUZZLE #10

EASY

8			5				2	4
			1	2				9
			4	6	3			7
4				1	6		5	2
	1		8					6
5	6		3		7		8	
		3		9				
	5	6			1			
9	2	4	7	8	5	1		

PUZZLE #11

EASY

	3	6		1	8	9		
5	7	8	6	9			4	
2		1			3			7
1		3	9				5	
8		2			6	4		
		9		3	5			
3		5						8
				6			3	4
		4		5	7		1	9

PUZZLE #12

EASY

	8			2		5		
2		5	6			1		8
				5		7		
8			2	9			4	
	6			1	7			5
	5				8	2		9
6		1	7	4			5	3
	4						1	2
5	2	8	1		9	4		

PUZZLE #13

EASY

5				3			4	
6	4	9	8	2		1		
	1	3	9		4			2
3						4	7	8
4		6	7				9	
					3	6	2	
			4		1	3		
			2	6		7	1	4
	7	4			9			

PUZZLE #14

EASY

	9	8		5			4	
			8	6				1
	4			3	7		5	
8	6		1		3			
		3	7					
1		9		8	6		7	4
7			3				2	9
	3	6			8		1	
2			6	7	9		8	

PUZZLE #15

EASY

9			2			1	3	7
4	7						8	
	2	8	3	5				
7				1	3	8		
	4	2	8		9	6		1
	8			4		9	7	
5	9	4			8			2
		7		2	6		1	
2				9	5			

PUZZLE #16

EASY

	1		7			2	9	5
3		6	9				4	
7		9			5	1		6
							8	1
1				5		9	6	2
		5	4		7	6		9
	4				8	5	7	
9	7	2	5	3	6	4		8

PUZZLE #17

EASY

PUZZLE #18

EASY

6	5	9				4	3	
		2	6		4			
				9	3		6	7
		6	7	4				5
4								
	9	1	3			8		
	1			8	6		9	3
	4			2		6	5	8
8			5	3	9		4	1

PUZZLE #19

EASY

					6			
	4			8	2	1	9	
	2	3	5				4	
		5					8	
6		9	8	2	5			
	8	2	7	4		5		6
				5	1		7	
3		4	6				5	
7	5	1	2				6	9

PUZZLE #20

EASY

	1				6	8		3
		8	2			9		
	7	4				8	6	
9		1	6		7	4		5
		6		9	2			
	8		5	1		3	9	6
1	9					6		
6	2	3	8				5	4
				6	2	7		

PUZZLE #21

EASY

8	5	7			4	9	1
	6	9						3
7	4			1		6		8
		7	9	4		3		5
4					2		6	
3							4	
9		2	4	3				
8	7		1					4
5		4	8	2		7		

PUZZLE #22

EASY

		2	8	1			5	
8			4	5			9	
			7					8
		1		8				4
	9	4	5	2			6	
5		8			4		7	
		3				9	4	
6	2			4	8	7	1	3
4		9				6		

PUZZLE #23

EASY

PUZZLE #24

EASY

PUZZLE #25

EASY

3	8	1	5			7		
	4				9	8		6
	2	6	8	7				4
1			7	9		2	6	
								7
		4	1	2		5		
6				1	7	4	8	3
		9	4	5		6		
4					2	9		

PUZZLE #26

EASY

9	1		4					3
	6		1	5				4
3		8			2			1
							1	
7			6	4		5		2
5		3					9	6
	7	9	5		4		2	
	3		7	9				5
4		6	2	8			7	9

PUZZLE #27

EASY

4			3		5		9	
		5	4		7	6		
2					9	8		
				5	2		7	9
			1		6			
5	3							
	8		5	9			6	2
7	6				8	5	3	1
1			7	6		9		8

PUZZLE #28

EASY

	9		4	7				3
8						5		7
6				5	9			
	1				8	2		6
2		8		6	1		5	9
		7			4			
		6	2		7	9		
	4		1	9		3		
1	5		3		6		4	2

PUZZLE #29

EASY

9			3	4				6
8	6	3						
4		5			9			8
	2	8	4		6			1
	9			3		4		
3		6			1		8	
		7		6	4		1	3
	3	9		8			4	
				7	3	9	5	

PUZZLE #30

EASY

	2	9	7	4			5	
					1	8		4
	3	1				2	9	
7				1			6	3
		8		6	9	1		5
1	6		5		4			
	5	7		2			4	9
	8				6		1	
9		2						6

PUZZLE #31

EASY

8			5	9		1		4
	5			2		3		
			4	8	6		7	
4		9	3	7	8		5	
7				5				1
	6			1				7
6	9		2					
5			7	6		4	8	
2					1			5

PUZZLE #32

EASY

PUZZLE #33

EASY

		6	5		3		1	2
	3		1			8		4
	5		9				6	
		1		5	6		2	
5			2					7
	9	8	7	4	1	5	3	
		3	6	9				
6	2		4					
9	4		3	2	8			

PUZZLE #34

EASY

PUZZLE #35

EASY

5	1		9	3			8	
			4	8	6		3	1
		3	2	5		6		
				2			5	
1	4					3	9	7
6			7					
	7	5	6					
2	3	4	8		9	7	6	5
	6					4	2	

PUZZLE #36

EASY

8		4			2	5		1
		2		8	6			7
	6				9		8	
9	4	3		7				
7		5			8			
					4	7	9	
		8		4		6	3	5
	3	6		1				9
		9	8	6	3		2	

PUZZLE #37

EASY

4		3				6	7	8
1			8	7	3		4	
7			9					3
	5	6						1
				2				
	4		1					9
	3	9	2	5		1		
5				6	1			4
2	1		7		8	3	5	

PUZZLE #38

EASY

				1	9	4		
	6				4			5
4				3		9	1	
		1						
6	9			5		3		8
5		3	2	4				
2	5		4	7	1		9	
	8				2		7	1
9	1		3	8	6		5	

PUZZLE #39

EASY

		5				4		2
				9			6	8
1	2	6				3		
		2			4			
5	9	4	3	6		7	2	1
7			9		5			3
		1	6	7		8	5	4
8	5	7				1	9	
	4	9	8					

PUZZLE #40

EASY

	8					6		7
	6			2	3			
7		3	1		6	2	9	
		5	4				6	
	3		2				4	5
2	7			5		3	8	
8						5		
5		1		6	7		2	8
3	2		8				1	

PUZZLE #41

EASY

	9	8	7	4		2		
4	1	6					9	5	
			5	1	9		6	
					7			6
		6				8	7	5
		5				3	4	2
			1	6		5	8	
8	6	3					7		4
		1	8					

PUZZLE #42

EASY

			1	8	2	7	9	
7	9	4	5	6	3	8		
1				9			5	
8			9	4		1		
9	3							7
2	4	5		1			6	8
	2							
		7			6	4		
	5		8			2	7	6

PUZZLE #43

EASY

2			5		1	6		
	3	5			6	4		
					3			
9	4	3		5			8	
	7				4		5	2
5		2	6	1				4
	2		4	3	7		1	9
					8	2		
	1	4	2	9		8	6	3

PUZZLE #44

EASY

		4		7		1	9	8
		6		9			4	
			8	3	4	6		5
3		1					6	
		5	9				2	
9					8		5	
		3			9	7		2
	5			8	7			6
7	4	8	6	2		5		

PUZZLE #45

EASY

2		4		8		9		6
	6	9			4	3	7	
	8				9		4	2
4		6			1			5
9	7	5		3		1		
			4	9		7		
	1		7		8			9
		8						
		3	6	5		4		1

PUZZLE #46

EASY

PUZZLE #47

EASY

1			3				7	9
			8	1	4	3		5
	5			7				2
8			9		3	1		
		1			8			
2			1	4		6		
		9			7	2	3	
	2	8			1			6
	1	4				7	5	8

PUZZLE #48

EASY

3			6	5		2		
2		4		3		1		
					7	3		4
				7	2	8	3	
5		3		9		7	1	
8			5	1		9		6
			2			4	8	
6	1			4	9	5	2	
						6		1

PUZZLE #49

EASY

	5		7			8	3	2
	7				3	4	1	
	9		2	1				6
		4	1					7
		6					8	
8	1		9	3		6	4	5
					9			8
	6		5	8		1		
7		9	6			2		

PUZZLE #50

EASY

		6			7		8	5
	5	3					7	
	8	2	6	5	4	9		
3	5	7	2		1			
8		4	5		9			
		9		8		3	5	4
		3	9		2			
	9			7	3	2		
6	2			1				

PUZZLE #51

EASY

2					5	3	1	
3		6	7		1	8	2	5
			8				6	4
5			6		9			2
	3					6		1
	8	9					7	
1	7				6			9
		5			2			
		3	9	4	7	1		

PUZZLE #52

EASY

3					2		7	5
1	2		7					6
4		7		8	2	9		
9		2	6		3	1		
	6		4					9
	8	3	2					
	1				6			
6		2	8				4	3
		5	9		7	1	2	

PUZZLE #53

EASY

	4	8					2	
6		7	2	1			9	
	3					6		7
8			3				4	
	7		9	5				6
					6		8	2
5			7		2			1
	1	9	6	8				4
	2	6	1	4	9		7	

PUZZLE #54

EASY

	7	2	9	1	5			
5	6		8	4	2		3	
1					6		2	
		3	2			9	8	
8	4	7						
9			6	8		4		
		6		3	9	1	7	
	3	8						5
7			5					6

PUZZLE #55

EASY

		1			7			5
			3			6		9
	9			5	4			
		9	4	1	8			3
8				3			2	6
5		7	6	9		4	8	
	2		5		3	1	6	
6						7		
1			8			3		2

PUZZLE #56

EASY

3		7	5	2	8	4	9	
	2	8	9	6	4		7	
	9				7	2	6	
			8					
	7		1		5			
	4		7				1	6
		2				8	3	
6			4	5	9	1		
7		4			3	6		9

PUZZLE #57

EASY

8			2					
5	1				8	7	6	2
7				1	6			9
	6	7	8			9	5	4
9	5		1					8
	2	8		9		6		
			7	4		3		
		5			1			6
	4				2	8		7

PUZZLE #58

EASY

PUZZLE #59

EASY

<table>
<tr><td></td><td>3</td><td>8</td><td></td><td></td><td>6</td><td>1</td><td>5</td><td>2</td></tr>
<tr><td>2</td><td>9</td><td></td><td></td><td>1</td><td></td><td></td><td></td><td>8</td></tr>
<tr><td>6</td><td>1</td><td>7</td><td>2</td><td></td><td>8</td><td></td><td>9</td><td></td></tr>
<tr><td></td><td>4</td><td></td><td>1</td><td>6</td><td></td><td></td><td></td><td></td></tr>
<tr><td></td><td>8</td><td>6</td><td></td><td></td><td>7</td><td>2</td><td></td><td>9</td></tr>
<tr><td></td><td>7</td><td></td><td></td><td></td><td>2</td><td>4</td><td></td><td></td></tr>
<tr><td>9</td><td></td><td></td><td></td><td></td><td></td><td></td><td></td><td></td></tr>
<tr><td>8</td><td></td><td></td><td>9</td><td></td><td>3</td><td>7</td><td>2</td><td></td></tr>
<tr><td></td><td>5</td><td></td><td>8</td><td>2</td><td></td><td></td><td>6</td><td></td></tr>
</table>

PUZZLE #60

EASY

2		8	3		4	1		
					7		6	
	3	4					5	
5					9		2	
	2	1	7	4	3		9	6
	7	9		2	5		4	
6	1		4		2			
			9	7				
		2		6	1	4		7

Puzzle # 1

2	7	8	1	5	6	9	4	3
9	4	1	8	7	3	5	6	2
3	5	6	9	4	2	7	1	8
1	8	3	4	9	5	2	7	6
5	9	2	7	6	1	8	3	4
7	6	4	3	2	8	1	5	9
4	1	5	2	3	9	6	8	7
8	3	9	6	1	7	4	2	5
6	2	7	5	8	4	3	9	1

Puzzle # 2

7	1	6	9	3	4	5	2	8
3	2	4	8	5	7	6	1	9
8	5	9	1	2	6	4	7	3
9	7	1	4	8	2	3	6	5
6	3	5	7	1	9	8	4	2
2	4	8	5	6	3	1	9	7
4	9	3	6	7	5	2	8	1
1	6	2	3	9	8	7	5	4
5	8	7	2	4	1	9	3	6

Puzzle # 3

6	2	3	7	5	4	8	9	1
9	4	1	2	6	8	3	7	5
5	8	7	3	1	9	4	6	2
2	1	8	9	7	3	5	4	6
7	6	5	1	4	2	9	3	8
3	9	4	6	8	5	2	1	7
4	3	6	8	2	1	7	5	9
1	5	2	4	9	7	6	8	3
8	7	9	5	3	6	1	2	4

Puzzle # 4

5	1	7	3	4	2	6	8	9
6	9	2	7	5	8	3	4	1
8	4	3	6	1	9	7	5	2
1	7	5	9	6	4	2	3	8
3	8	4	1	2	7	9	6	5
2	6	9	5	8	3	4	1	7
9	5	1	4	7	6	8	2	3
7	2	6	8	3	5	1	9	4
4	3	8	2	9	1	5	7	6

Puzzle # 5

9	5	1	2	3	8	4	6	7
2	3	6	9	4	7	5	1	8
8	4	7	1	6	5	3	9	2
1	9	8	3	5	4	7	2	6
3	6	4	7	8	2	9	5	1
7	2	5	6	9	1	8	4	3
4	8	3	5	2	6	1	7	9
6	7	9	4	1	3	2	8	5
5	1	2	8	7	9	6	3	4

Puzzle # 6

5	9	3	1	7	6	8	4	2
2	4	1	5	9	8	3	7	6
6	8	7	3	2	4	1	9	5
8	6	2	7	1	5	4	3	9
1	7	5	4	3	9	6	2	8
9	3	4	6	8	2	7	5	1
7	5	9	8	4	1	2	6	3
4	2	8	9	6	3	5	1	7
3	1	6	2	5	7	9	8	4

Puzzle # 7

8	4	2	1	9	3	5	7	6
1	3	7	2	5	6	8	4	9
5	9	6	7	8	4	2	1	3
9	7	5	4	2	1	3	6	8
3	6	1	8	7	5	4	9	2
4	2	8	3	6	9	7	5	1
2	5	9	6	4	8	1	3	7
7	1	4	9	3	2	6	8	5
6	8	3	5	1	7	9	2	4

Puzzle # 8

1	5	7	6	3	8	9	4	2
2	3	9	4	5	7	1	8	6
8	4	6	9	1	2	3	5	7
7	8	2	1	9	6	4	3	5
6	1	3	8	4	5	7	2	9
5	9	4	7	2	3	8	6	1
4	2	1	5	8	9	6	7	3
3	6	8	2	7	1	5	9	4
9	7	5	3	6	4	2	1	8

Puzzle # 9

3	9	7	5	6	4	2	8	1
6	1	2	8	3	7	9	4	5
4	5	8	2	9	1	3	6	7
1	6	9	7	5	8	4	3	2
8	4	5	3	2	6	1	7	9
2	7	3	4	1	9	6	5	8
5	8	6	9	4	2	7	1	3
9	3	1	6	7	5	8	2	4
7	2	4	1	8	3	5	9	6

Puzzle # 10

8	3	1	5	7	9	6	2	4
6	4	7	1	2	8	5	3	9
2	9	5	4	6	3	8	1	7
4	7	8	9	1	6	3	5	2
3	1	9	8	5	2	7	4	6
5	6	2	3	4	7	9	8	1
1	8	3	6	9	4	2	7	5
7	5	6	2	3	1	4	9	8
9	2	4	7	8	5	1	6	3

Puzzle # 11

4	3	6	7	1	8	9	2	5
5	7	8	6	9	2	3	4	1
2	9	1	5	4	3	8	6	7
1	6	3	9	8	4	7	5	2
8	5	2	1	7	6	4	9	3
7	4	9	2	3	5	1	8	6
3	1	5	4	2	9	6	7	8
9	2	7	8	6	1	5	3	4
6	8	4	3	5	7	2	1	9

Puzzle # 12

7	8	6	9	2	1	5	3	4
2	3	5	6	7	4	1	9	8
4	1	9	8	5	3	7	2	6
8	7	3	2	9	5	6	4	1
9	6	2	4	1	7	3	8	5
1	5	4	3	6	8	2	7	9
6	9	1	7	4	2	8	5	3
3	4	7	5	8	6	9	1	2
5	2	8	1	3	9	4	6	7

Puzzle # 13

5	8	2	1	3	6	9	4	7
6	4	9	8	2	7	1	3	5
7	1	3	9	5	4	8	6	2
3	5	1	6	9	2	4	7	8
4	2	6	7	1	8	5	9	3
8	9	7	5	4	3	6	2	1
2	6	5	4	7	1	3	8	9
9	3	8	2	6	5	7	1	4
1	7	4	3	8	9	2	5	6

Puzzle # 14

3	9	8	2	5	1	7	4	6
5	7	2	8	6	4	9	3	1
6	4	1	9	3	7	8	5	2
8	6	7	1	4	3	2	9	5
4	5	3	7	9	2	1	6	8
1	2	9	5	8	6	3	7	4
7	8	4	3	1	5	6	2	9
9	3	6	4	2	8	5	1	7
2	1	5	6	7	9	4	8	3

Puzzle # 15

9	6	5	2	8	4	1	3	7
4	7	3	9	6	1	2	8	5
1	2	8	3	5	7	4	9	6
7	5	9	6	1	3	8	2	4
3	4	2	8	7	9	6	5	1
6	8	1	5	4	2	9	7	3
5	9	4	1	3	8	7	6	2
8	3	7	4	2	6	5	1	9
2	1	6	7	9	5	3	4	8

Puzzle # 16

4	1	8	7	6	3	2	9	5
3	5	6	9	2	1	8	4	7
7	2	9	8	4	5	1	3	6
2	6	3	1	8	9	7	5	4
5	9	4	6	7	2	3	8	1
1	8	7	3	5	4	9	6	2
8	3	5	4	1	7	6	2	9
6	4	1	2	9	8	5	7	3
9	7	2	5	3	6	4	1	8

Puzzle # 17

9	6	8	1	4	7	3	5	2
1	5	3	9	2	8	4	7	6
4	2	7	3	6	5	9	8	1
3	4	5	8	7	6	1	2	9
8	1	9	4	3	2	7	6	5
6	7	2	5	9	1	8	3	4
7	3	1	6	5	4	2	9	8
2	8	6	7	1	9	5	4	3
5	9	4	2	8	3	6	1	7

Puzzle # 18

6	5	9	8	7	1	4	3	2
7	3	2	6	5	4	1	8	9
1	8	4	2	9	3	5	6	7
3	2	6	7	4	8	9	1	5
4	7	8	9	1	5	3	2	6
5	9	1	3	6	2	8	7	4
2	1	5	4	8	6	7	9	3
9	4	3	1	2	7	6	5	8
8	6	7	5	3	9	2	4	1

Puzzle # 19

8	1	7	4	9	6	3	2	5
5	4	6	3	8	2	1	9	7
9	2	3	5	1	7	6	4	8
4	7	5	1	6	3	9	8	2
6	3	9	8	2	5	7	1	4
1	8	2	7	4	9	5	3	6
2	6	8	9	5	1	4	7	3
3	9	4	6	7	8	2	5	1
7	5	1	2	3	4	8	6	9

Puzzle # 20

2	1	9	7	6	8	5	4	3
5	6	8	2	4	3	9	1	7
3	7	4	9	5	1	8	6	2
9	3	1	6	8	7	4	2	5
4	5	6	3	9	2	7	8	1
7	8	2	5	1	4	3	9	6
1	9	7	4	2	5	6	3	8
6	2	3	8	7	9	1	5	4
8	4	5	1	3	6	2	7	9

Puzzle # 21

2	8	5	7	6	3	4	9	1
1	6	9	2	8	4	5	7	3
7	4	3	5	1	9	6	2	8
6	2	7	9	4	1	3	8	5
4	9	8	3	5	2	1	6	7
3	5	1	6	7	8	9	4	2
9	1	2	4	3	7	8	5	6
8	7	6	1	9	5	2	3	4
5	3	4	8	2	6	7	1	9

Puzzle # 22

9	4	2	8	1	6	3	5	7
8	3	7	4	5	2	1	9	6
1	5	6	7	9	3	4	2	8
2	7	1	6	8	9	5	3	4
3	9	4	5	2	7	8	6	1
5	6	8	1	3	4	2	7	9
7	8	3	2	6	1	9	4	5
6	2	5	9	4	8	7	1	3
4	1	9	3	7	5	6	8	2

Puzzle # 23

7	1	8	5	6	9	2	4	3
9	4	2	7	3	1	8	6	5
5	3	6	2	4	8	7	1	9
2	5	3	8	1	4	9	7	6
1	9	7	6	2	3	4	5	8
6	8	4	9	5	7	1	3	2
3	6	9	1	7	2	5	8	4
4	2	1	3	8	5	6	9	7
8	7	5	4	9	6	3	2	1

Puzzle # 24

1	8	3	2	7	4	6	5	9
7	6	5	8	1	9	4	3	2
2	4	9	3	5	6	1	8	7
9	1	8	6	2	7	3	4	5
4	3	2	5	8	1	7	9	6
5	7	6	4	9	3	2	1	8
6	9	1	7	3	8	5	2	4
8	2	7	1	4	5	9	6	3
3	5	4	9	6	2	8	7	1

Puzzle # 25

3	8	1	5	4	6	7	9	2
5	4	7	2	3	9	8	1	6
9	2	6	8	7	1	3	5	4
1	3	5	7	9	4	2	6	8
2	9	8	3	6	5	1	4	7
7	6	4	1	2	8	5	3	9
6	5	2	9	1	7	4	8	3
8	7	9	4	5	3	6	2	1
4	1	3	6	8	2	9	7	5

Puzzle # 26

9	1	5	4	7	8	2	6	3
2	6	7	1	5	3	9	8	4
3	4	8	9	6	2	7	5	1
6	9	4	3	2	5	8	1	7
7	8	1	6	4	9	5	3	2
5	2	3	8	1	7	4	9	6
1	7	9	5	3	4	6	2	8
8	3	2	7	9	6	1	4	5
4	5	6	2	8	1	3	7	9

Puzzle # 27

4	1	6	3	8	5	2	9	7
8	9	5	4	2	7	6	1	3
2	7	3	6	1	9	8	5	4
6	4	1	8	5	2	3	7	9
9	2	7	1	3	6	4	8	5
5	3	8	9	7	4	1	2	6
3	8	4	5	9	1	7	6	2
7	6	9	2	4	8	5	3	1
1	5	2	7	6	3	9	4	8

Puzzle # 28

5	9	1	4	7	2	6	8	3
8	2	4	6	1	3	5	9	7
6	7	3	8	5	9	1	2	4
4	1	5	9	3	8	2	7	6
2	3	8	7	6	1	4	5	9
9	6	7	5	2	4	8	3	1
3	8	6	2	4	7	9	1	5
7	4	2	1	9	5	3	6	8
1	5	9	3	8	6	7	4	2

Puzzle # 29

9	1	2	3	4	8	5	7	6
8	6	3	5	2	7	1	9	4
4	7	5	6	1	9	3	2	8
5	2	8	4	9	6	7	3	1
7	9	1	8	3	2	4	6	5
3	4	6	7	5	1	2	8	9
2	5	7	9	6	4	8	1	3
1	3	9	2	8	5	6	4	7
6	8	4	1	7	3	9	5	2

Puzzle # 30

8	2	9	7	4	3	6	5	1
5	7	6	2	9	1	8	3	4
4	3	1	6	8	5	2	9	7
7	9	5	8	1	2	4	6	3
2	4	8	3	6	9	1	7	5
1	6	3	5	7	4	9	2	8
6	5	7	1	2	8	3	4	9
3	8	4	9	5	6	7	1	2
9	1	2	4	3	7	5	8	6

Puzzle # 31

8	7	6	5	9	3	1	2	4
9	5	4	1	2	7	3	6	8
1	2	3	4	8	6	5	7	9
4	1	9	3	7	8	2	5	6
7	8	2	6	5	4	9	3	1
3	6	5	9	1	2	8	4	7
6	9	8	2	4	5	7	1	3
5	3	1	7	6	9	4	8	2
2	4	7	8	3	1	6	9	5

Puzzle # 32

4	9	6	2	1	3	5	8	7
7	2	8	6	4	5	1	9	3
1	3	5	8	9	7	4	2	6
8	1	7	5	3	9	2	6	4
2	6	4	1	7	8	3	5	9
9	5	3	4	2	6	8	7	1
3	7	2	9	5	1	6	4	8
6	4	1	7	8	2	9	3	5
5	8	9	3	6	4	7	1	2

Puzzle # 33

4	8	6	5	7	3	9	1	2
7	3	9	1	6	2	8	5	4
1	5	2	9	8	4	7	6	3
3	7	1	8	5	6	4	2	9
5	6	4	2	3	9	1	8	7
2	9	8	7	4	1	5	3	6
8	1	3	6	9	7	2	4	5
6	2	7	4	1	5	3	9	8
9	4	5	3	2	8	6	7	1

Puzzle # 34

9	4	1	8	7	6	3	5	2
7	6	3	5	2	4	1	9	8
8	2	5	3	1	9	7	6	4
1	7	9	6	4	2	8	3	5
3	8	6	7	5	1	4	2	9
4	5	2	9	8	3	6	1	7
6	3	8	2	9	7	5	4	1
2	1	7	4	3	5	9	8	6
5	9	4	1	6	8	2	7	3

Puzzle # 35

5	1	6	9	3	7	2	8	4
7	2	9	4	8	6	5	3	1
4	8	3	2	5	1	6	7	9
3	9	7	1	2	4	8	5	6
1	4	2	5	6	8	3	9	7
6	5	8	7	9	3	1	4	2
8	7	5	6	4	2	9	1	3
2	3	4	8	1	9	7	6	5
9	6	1	3	7	5	4	2	8

Puzzle # 36

8	9	4	7	3	2	5	6	1
3	5	2	1	8	6	9	4	7
1	6	7	4	5	9	3	8	2
9	4	3	6	7	1	2	5	8
7	2	5	3	9	8	4	1	6
6	8	1	5	2	4	7	9	3
2	1	8	9	4	7	6	3	5
4	3	6	2	1	5	8	7	9
5	7	9	8	6	3	1	2	4

Puzzle # 37

4	9	3	5	1	2	6	7	8
1	6	5	8	7	3	9	4	2
7	2	8	9	4	6	5	1	3
9	5	6	4	3	7	8	2	1
8	7	1	6	2	9	4	3	5
3	4	2	1	8	5	7	6	9
6	3	9	2	5	4	1	8	7
5	8	7	3	6	1	2	9	4
2	1	4	7	9	8	3	5	6

Puzzle # 38

7	3	5	6	1	9	4	8	2
1	6	9	8	2	4	7	3	5
4	2	8	7	3	5	9	1	6
8	4	1	9	6	3	5	2	7
6	9	2	1	5	7	3	4	8
5	7	3	2	4	8	1	6	9
2	5	6	4	7	1	8	9	3
3	8	4	5	9	2	6	7	1
9	1	7	3	8	6	2	5	4

Puzzle # 39

9	8	5	1	3	6	4	7	2
4	7	3	5	9	2	1	6	8
1	2	6	4	8	7	3	9	5
3	6	2	7	1	4	5	8	9
5	9	4	3	6	8	7	2	1
7	1	8	9	2	5	6	4	3
2	3	1	6	7	9	8	5	4
8	5	7	2	4	1	9	3	6
6	4	9	8	5	3	2	1	7

Puzzle # 40

1	8	2	5	9	4	6	3	7
4	6	9	7	2	3	8	5	1
7	5	3	1	8	6	2	9	4
9	1	5	4	3	8	7	6	2
6	3	8	2	7	9	1	4	5
2	7	4	6	5	1	3	8	9
8	4	6	9	1	2	5	7	3
5	9	1	3	6	7	4	2	8
3	2	7	8	4	5	9	1	6

Puzzle # 41

5	9	8	7	4	6	2	3	1
4	1	6	3	2	8	9	5	7
2	3	7	5	1	9	4	6	8
3	8	2	4	5	7	1	9	6
1	4	9	6	3	2	8	7	5
6	7	5	9	8	1	3	4	2
7	2	4	1	6	3	5	8	9
8	6	3	2	9	5	7	1	4
9	5	1	8	7	4	6	2	3

Puzzle # 42

5	6	3	1	8	2	7	9	4
7	9	4	5	6	3	8	2	1
1	8	2	7	9	4	6	5	3
8	7	6	9	4	5	1	3	2
9	3	1	6	2	8	5	4	7
2	4	5	3	1	7	9	6	8
6	2	8	4	7	9	3	1	5
3	1	7	2	5	6	4	8	9
4	5	9	8	3	1	2	7	6

Puzzle # 43

2	9	7	5	4	1	6	3	8
8	3	5	9	7	6	4	2	1
4	6	1	8	2	3	7	9	5
9	4	3	7	5	2	1	8	6
1	7	6	3	8	4	9	5	2
5	8	2	6	1	9	3	7	4
6	2	8	4	3	7	5	1	9
3	5	9	1	6	8	2	4	7
7	1	4	2	9	5	8	6	3

Puzzle # 44

5	3	4	2	7	6	1	9	8
8	7	6	1	9	5	2	4	3
1	9	2	8	3	4	6	7	5
3	8	1	7	5	2	9	6	4
4	6	5	9	1	3	8	2	7
9	2	7	4	6	8	3	5	1
6	1	3	5	4	9	7	8	2
2	5	9	3	8	7	4	1	6
7	4	8	6	2	1	5	3	9

Puzzle # 45

2	5	4	3	8	7	9	1	6
1	6	9	5	2	4	3	7	8
3	8	7	1	6	9	5	4	2
4	3	6	2	7	1	8	9	5
9	7	5	8	3	6	1	2	4
8	2	1	4	9	5	7	6	3
5	1	2	7	4	8	6	3	9
6	4	8	9	1	3	2	5	7
7	9	3	6	5	2	4	8	1

Puzzle # 46

5	2	1	4	8	7	3	6	9
4	9	8	6	2	3	1	7	5
3	6	7	5	9	1	8	2	4
2	4	6	9	1	5	7	8	3
1	8	5	7	3	2	9	4	6
7	3	9	8	6	4	5	1	2
9	7	4	1	5	6	2	3	8
6	5	2	3	7	8	4	9	1
8	1	3	2	4	9	6	5	7

Puzzle # 47

1	8	6	3	5	2	4	7	9
9	7	2	8	1	4	3	6	5
4	5	3	6	7	9	8	1	2
8	4	5	9	6	3	1	2	7
6	3	1	7	2	8	5	9	4
2	9	7	1	4	5	6	8	3
5	6	9	4	8	7	2	3	1
7	2	8	5	3	1	9	4	6
3	1	4	2	9	6	7	5	8

Puzzle # 48

3	7	1	6	5	4	2	9	8
2	5	4	9	3	8	1	6	7
9	8	6	1	2	7	3	5	4
1	6	9	4	7	2	8	3	5
5	4	3	8	9	6	7	1	2
8	2	7	5	1	3	9	4	6
7	3	5	2	6	1	4	8	9
6	1	8	7	4	9	5	2	3
4	9	2	3	8	5	6	7	1

Puzzle # 49

4	5	1	7	9	6	8	3	2
6	7	2	8	5	3	4	1	9
3	9	8	2	1	4	5	7	6
5	3	4	1	6	8	9	2	7
9	2	6	4	7	5	3	8	1
8	1	7	9	3	2	6	4	5
1	4	5	3	2	9	7	6	8
2	6	3	5	8	7	1	9	4
7	8	9	6	4	1	2	5	3

Puzzle # 50

9	3	6	1	2	7	4	8	5
1	4	5	3	9	8	6	7	2
7	8	2	6	5	4	9	3	1
3	5	7	2	4	1	8	6	9
8	6	4	5	3	9	1	2	7
2	1	9	7	8	6	3	5	4
4	7	3	9	6	2	5	1	8
5	9	1	8	7	3	2	4	6
6	2	8	4	1	5	7	9	3

Puzzle # 51

2	9	8	4	6	5	3	1	7
3	4	6	7	9	1	8	2	5
7	5	1	2	8	3	9	6	4
5	1	7	6	3	9	4	8	2
4	3	2	5	7	8	6	9	1
6	8	9	1	2	4	5	7	3
1	7	4	8	5	6	2	3	9
9	6	5	3	1	2	7	4	8
8	2	3	9	4	7	1	5	6

Puzzle # 52

3	9	6	4	1	2	8	7	5
1	2	8	9	7	5	4	3	6
4	5	7	3	6	8	2	9	1
9	4	2	6	5	3	1	8	7
5	6	1	8	4	7	3	2	9
7	8	3	1	2	9	5	6	4
2	1	9	7	3	4	6	5	8
6	7	5	2	8	1	9	4	3
8	3	4	5	9	6	7	1	2

Puzzle # 53

9	4	8	5	6	7	1	2	3
6	5	7	2	1	3	4	9	8
2	3	1	8	9	4	6	5	7
8	6	5	3	2	1	7	4	9
4	7	2	9	5	8	3	1	6
1	9	3	4	7	6	5	8	2
5	8	4	7	3	2	9	6	1
7	1	9	6	8	5	2	3	4
3	2	6	1	4	9	8	7	5

Puzzle # 54

3	7	2	9	1	5	8	6	4
5	6	9	8	4	2	7	3	1
1	8	4	3	7	6	5	2	9
6	1	3	2	5	4	9	8	7
8	4	7	1	9	3	6	5	2
9	2	5	6	8	7	4	1	3
2	5	6	4	3	9	1	7	8
4	3	8	7	6	1	2	9	5
7	9	1	5	2	8	3	4	6

Puzzle # 55

4	8	1	9	6	7	2	3	5
7	5	2	3	8	1	6	4	9
3	9	6	2	5	4	8	1	7
2	6	9	4	1	8	5	7	3
8	1	4	7	3	5	9	2	6
5	3	7	6	9	2	4	8	1
9	2	8	5	7	3	1	6	4
6	4	3	1	2	9	7	5	8
1	7	5	8	4	6	3	9	2

Puzzle # 56

3	6	7	5	2	8	4	9	1
1	2	8	9	6	4	3	7	5
4	9	5	3	1	7	2	6	8
5	3	1	8	9	6	7	4	2
2	7	6	1	4	5	9	8	3
8	4	9	7	3	2	5	1	6
9	5	2	6	7	1	8	3	4
6	8	3	4	5	9	1	2	7
7	1	4	2	8	3	6	5	9

Puzzle # 57

8	9	6	2	7	5	1	4	3
5	1	4	9	3	8	7	6	2
7	3	2	4	1	6	5	8	9
1	6	7	8	2	3	9	5	4
9	5	3	1	6	4	2	7	8
4	2	8	5	9	7	6	3	1
6	8	1	7	4	9	3	2	5
2	7	5	3	8	1	4	9	6
3	4	9	6	5	2	8	1	7

Puzzle # 58

6	1	2	4	8	7	5	9	3
8	9	3	6	5	1	7	2	4
4	7	5	9	3	2	8	1	6
1	2	9	8	4	5	6	3	7
5	4	6	3	7	9	1	8	2
7	3	8	2	1	6	4	5	9
3	8	1	7	2	4	9	6	5
2	6	7	5	9	8	3	4	1
9	5	4	1	6	3	2	7	8

Puzzle # 59

4	3	8	7	9	6	1	5	2
2	9	5	3	1	4	6	7	8
6	1	7	2	5	8	3	9	4
3	4	2	1	6	9	5	8	7
5	8	6	4	3	7	2	1	9
1	7	9	5	8	2	4	3	6
9	2	3	6	7	5	8	4	1
8	6	1	9	4	3	7	2	5
7	5	4	8	2	1	9	6	3

Puzzle # 60

2	6	8	3	5	4	1	7	9
1	9	5	2	8	7	3	6	4
7	3	4	1	9	6	2	5	8
5	4	6	8	1	9	7	2	3
8	2	1	7	4	3	5	9	6
3	7	9	6	2	5	8	4	1
6	1	7	4	3	2	9	8	5
4	5	3	9	7	8	6	1	2
9	8	2	5	6	1	4	3	7